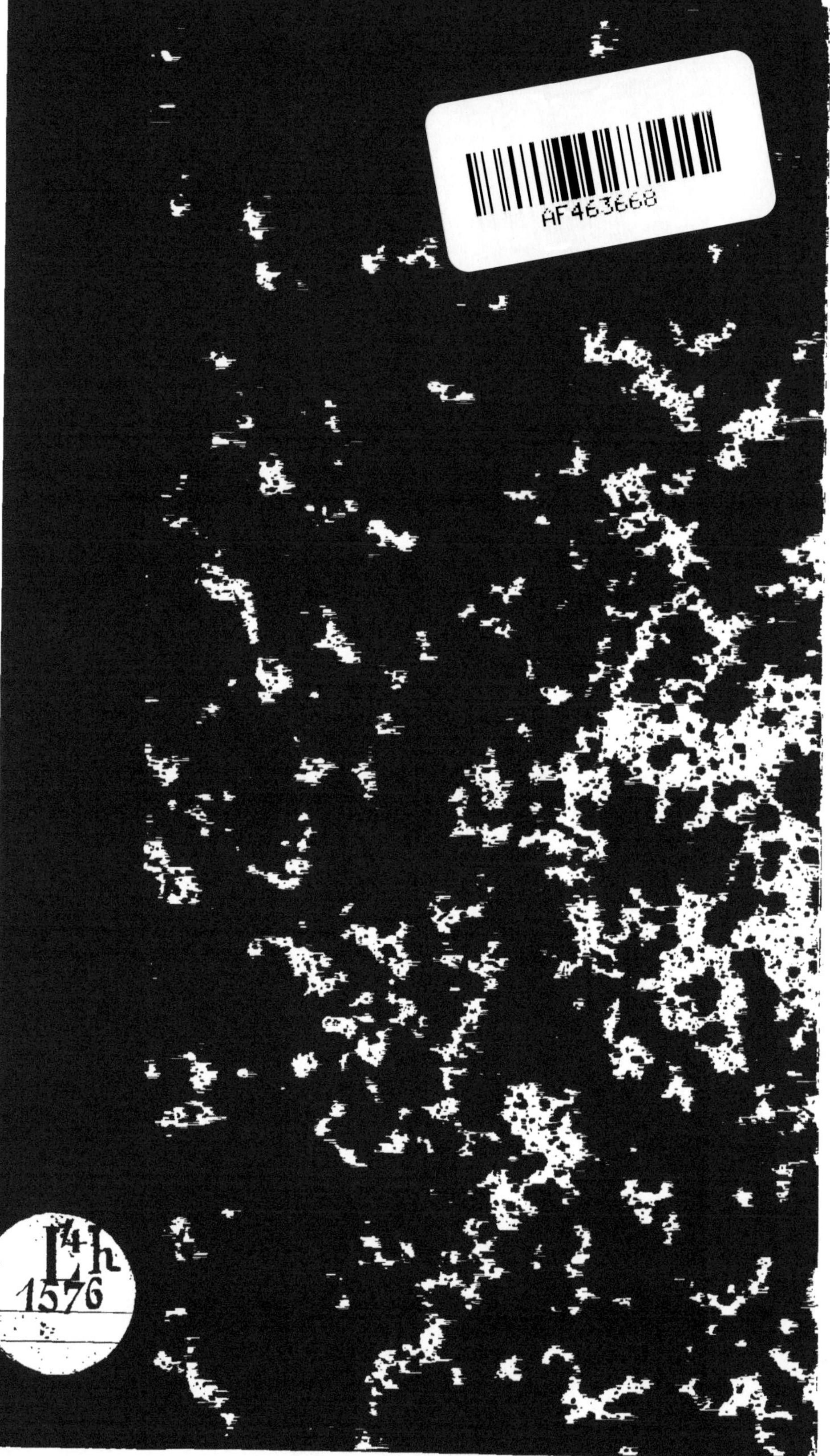

LA CAMPAGNE DE PORTUGAL,

EN 1810 ET 1811.

IMPRIMERIE DE LE NORMANT.

LA CAMPAGNE
DE PORTUGAL,
EN 1810 ET 1811,

OUVRAGE IMPRIMÉ A LONDRES,

QU'IL ÉTOIT DÉFENDU

DE LAISSER PÉNÉTRER EN FRANCE,

SOUS PEINE DE MORT;

DANS LEQUEL LES JACTANCES DE BUONAPARTE SONT APPRÉCIÉES, SES MENSONGES DÉVOILÉS, SON CARACTÈRE PEINT AU NATUREL, ET SA CHUTE PROPHÉTISÉE.

Hùc usque minatus
Hærebat, retròque fugâ cedebat inerti.

PARIS.

Chez { A. EYMERY, Libraire, rue Mazarine, n°. 30;
Le NORMANT, Libraire, rue de Seine, n° 8.

M. DCCC. XIV.

AVANT-PROPOS.

LORSQUE cet ouvrage parut, le Moniteur et les Bulletins nommoient *Victoires* les revers que les entreprises extravagantes et les plans inexécutables de Buonaparte, faisoient éprouver à nos braves armées. On nous répétoit chaque jour que les troupes anglaises en Portugal étoient réduites aux plus cruelles extrémités, tandis que c'étoient nos soldats qui, accablés de fatigues et de besoin, manquoient de tout ; que nous allions être les maîtres du Portugal, tandis que nous étions forcés de l'évacuer par des chemins impraticables ; que les conceptions de Napoléon dans cette campagne étoient le triomphe du génie du bien sur les passions malfaisantes, tandis que ces conceptions n'avoient été produites que par la fureur d'un maniaque, et par la mauvaise foi, et qu'elles offroient les résultats les plus déplorables.

L'auteur de *la Campagne de Portugal*, prit alors à tâche d'éclairer l'Europe sur tant d'impostures. Son ouvrage, composé de documens authentiques, et dicté par l'amour le plus pur de la vérité, mais dans lequel on reconnoît plutôt l'esprit d'un patriote anglais que celui d'un Français, fit la plus grande sensation chez les étrangers, et fit rugir de rage le tyran de la France. Ce dévorateur des peuples n'y voyoit pas un fait qu'il fût possible d'arguer de faux; il frémissoit de terreur en songeant aux suites que pouvoit avoir la publicité d'un tel ouvrage. Il voulut d'abord en faire composer une réfutation par ses écrivains à gages; mais, comment réfuter ce qui est irréfutable? Toutes les feuilles de papier que ces vils barbouilleurs noircissent ne convinrent pas au tyran; il s'arrêta donc à la résolution d'empêcher, par tous les moyens possibles, et même sous peine de mort, l'ouvrage accusateur d'entrer et de circuler en France.

On va juger, en le lisant, si la crainte de se voir exposé à nu, sous un fanal si lumineux, étoit fondée.

L'exemplaire sur lequel nous imprimons cet écrit historique est celui même que possédoit Buonaparte, et qu'on lui a soustrait.

LA CAMPAGNE

DE PORTUGAL,

EN 1810 ET 1811.

LORSQU'APRÈS des victoires, fruit d'une témérité inouïe, et un armistice, fruit d'un découragement précipité, la paix de Vienne eut laissé au dominateur de la France la faculté d'employer tous ses efforts à compléter l'asservissement de la péninsule, il retourna à Paris, et porta immédiatement toute son attention à la réussite définitive de cet acte révoltant d'injustice et d'inhumanité.

De sa consommation dépendoit le destin du continent. On a acquis la preuve que l'époque de la prise de Lisbonne devoit être celle de l'incorporation de l'Espagne, du Portugal et du reste de l'Italie à l'Empire français. Toutes les proclamations, messages et arrêtés relatifs à cette nouvelle usurpation ont été interceptés et rendus publics.

Les préliminaires de cette subversion projetée avoient été la réunion de la Hollande, des villes anséatiques et du pays d'Oldenbourg à la France.

Déjà la dénomination de l'Empire français étoit mise de côté; elle devoit être remplacée par celle de l'ancien Empire romain: les limites même de l'empire d'occident ou de l'ouest avoient été trouvées trop bornées pour l'homme qui avoit rêvé la conquête du Monde! Il est difficile de concevoir où se seroit arrêtée cette ambition sans frein, qui jusque-là n'avoit vu, dans ses succès, que de nouveaux mobiles pour étendre l'asservissement des Etats, continuer d'opérer la destruction des maisons régnantes, et consommer le malheur des peuples.

La Grande-Bretagne, fidèle à son ancien et inaltérable principe de soutenir les gouvernemens établis; la Grande-Bretagne, l'alliée constante des souverains malheureux et des peuples qui ont le courage de résister à l'oppresseur; la Grande-Bretagne, liée par des traités nouveaux et des pactes anciens avec les peuples de la péninsule, avoit prodigué à ceux-ci, depuis qu'ils étoient envahis, tous les secours qu'ils avoient droit d'attendre de sa bonne foi, de sa générosité, et de sa munificence.

Elle leur avoit envoyé ses armées : elle avoit rempli leurs trésors et leurs arsenaux.

Deux fois ses armes avoient délivré le Portugal. Plusieurs des plus célèbres généraux de l'armée française, ou avoient capitulé, ou s'étoient retirés des frontières du Portugal devant une armée britannique.

Les journées de Vimeira, du Douro, de la Corogne, et sur-tout celle de Talavera, qui avoit vu rentrer honteux et fuyant à Madrid le prête-nom royal de l'usurpation, avoient appris à l'armée française à estimer et à apprécier la valeur et la fermeté des officiers et des soldats anglais.

Le seul Empereur des Français cherchoit à se faire illusion, et à imposer aux autres sa propre déception sur les justes craintes que lui inspiroient l'esprit public et les vastes ressources de la Grande-Bretagne, ainsi que la force de ses armes.

Egalement accoutumé à ébranler les

Empires par les menaces et par les effets, par le fracas des expressions et par le bruit du canon, par l'imprimerie et par l'artillerie, dès avant son retour à Paris il s'étoit déjà livré sans réserve à ses invectives accoutumées.

Dans l'intervalle qui s'écoula entre l'armistice de Znaym et la paix de Vienne, il osa écrire de son camp impérial de Schoenbrun : « Avant un an, les Anglais, quelques » efforts qu'ils fassent, seront chassés de la » presqu'île, et l'aigle impériale flottera sur » les forteresses de Lisbonne..... Rien ne » peut être plus avantageux pour la France » que de voir les Anglais s'engager dans les » guerres de terre : au lieu de conquérir » l'Angleterre par la mer, nous la conquer» rons sur le continent (1). »

De ces menaces générales descendant, par une foiblesse inconnue des grandes ames, aux diatribes personnelles, il ajoutoit : « Nous souhaitons que lord Wellington » commande les armées anglaises ; du carac» tère dont il est, il essuiera de grandes

---

(1) Moniteur du 27 septembre 1809.

» catastrophes..... Ni l'un ni l'autre de ces » généraux (sir John Moore et lord Wel- » lington) ne montrent cette prévoyance, » caractère si essentiel à la guerre, et qui » conduit à ne faire que ce qu'on peut sou- » tenir, et à n'entreprendre que ce qui pré- » sente le plus grand nombre de chances de » succès. Lord Wellington n'a pas manifesté » plus de talens que les hommes qui dirigent » le cabinet de Saint-James. Vouloir sou- » tenir l'Espagne contre la France, et lutter » sur le continent avec la France, c'est for- » mer une entreprise qui coûtera cher à ceux » qui l'ont tentée, et qui ne leur rapportera » que des désastres (1). »

C'étoit après la perte de la bataille de Talavera; c'étoit après avoir disgracié le maréchal Jourdan, qui y commandoit en chef les Français; c'étoit après que lord Wellington avoit forcé les plus célèbres maréchaux ou généraux de l'Empire à respecter sa valeur et ses connoissances militaires, qu'on osoit ainsi traduire son caractère et lui prédire des désastres! Et celui qui se per-

(1) Moniteur du 27 septembre 1809.

mettoit ce langage illibéral s'exprimoit de la sorte en face de ce rivage d'Essling où cinquante mille Français, perdus peu de mois auparavant, déposoient d'une bien plus grande catastrophe que toutes celles dont on pouvoit menacer l'imprévoyance d'autrui !

Quelques jours après, au moment de la conclusion prochaine du traité et de l'alliance de Vienne, la même plume écrivoit de lord Wellington : « Ce général de Cipayes » a eu l'extrême imprudence de s'avancer » jusqu'au milieu de l'Espagne, sans savoir » ni ce qu'il avoit devant lui, ni ce qu'il » avoit sur ses flancs.....; il fuit alors en » toute hâte, et il a raison. S'il fut jamais un » général imprévoyant, c'est assurément » lord Wellington. S'il commande encore » long-temps les armées anglaises, nous pou» vons nous flatter d'obtenir de grands avan» tages des brillantes combinaisons d'un gé» néral qui paroît si neuf dans le métier de » la guerre (1). »

Sans vouloir relever un langage aussi *inconvenant*, on va examiner avec impar-

(1) Moniteur du 9 octobre 1809.

tialité et les *combinaisons* des deux généraux, et les *avantages* obtenus par les deux armées qui furent respectivement chargées en 1810, l'une de réaliser, l'autre de démentir ces prédictions téméraires, ces prophéties prématurées.

Lord Wellington commandoit au mois d'octobre, dans les environs de Badajoz, 25,000 hommes de troupes britanniques, dont 300 de cavalerie; mais cette armée, par les fatigues de ses marches, les suites de ses victoires et les privations inattendues auxquelles elle avoit été réduite par une junte espagnole qui rarement fit ce qu'elle auroit dû faire, comptoit un grand nombre de malades, et éprouvoit un extrême besoin de repos et de rafraîchissemens. Elle rentra en Portugal vers la fin de l'année.

Les forces portugaises étoient alors peu en état d'agir en campagne; mais, animées d'un véritable patriotisme, elles s'occupoient sans relâche de tout ce qui pouvoit servir à leur instruction et les former à la discipline.

Au mois de novembre 1809, la junte centrale de Séville qui se méfioit de tout ce qui pouvoit la sauver, et qui témoignoit une grande confiance dans tout ce qui pouvoit la perdre, dédaigna les représentations du ministre et du général britannique, et résolut de risquer la sûreté de sa grande armée, celle de tout le midi de l'Espagne, et jusqu'à sa propre existence, en envoyant dans les plaines de la Manche 50,000 hommes de nouvelles levées, commandés par un général et des officiers sans expérience, avec ordre d'attaquer les corps considérables de troupes françaises qui couvroient Madrid.

La journée d'Ocana eut lieu. L'armée espagnole fut dispersée ; peu après, le sud de l'Espagne fut envahi ; Séville fut pris sans résistance, et la junte centrale s'évanouit au milieu de la haine et des malédictions du peuple espagnol. Cadix même auroit pu succomber sans l'admirable célérité avec laquelle le duc d'Albuquerque y fit entrer 9000 hommes de l'armée qu'il commandoit en Estramadoure. Trois bataillons anglais et un régiment portugais partis de Lisbonne, et 800 hommes détachés de Gibraltar, arrivèrent en même temps à Cadix, et bientôt la sûreté de cette importante place ne laissa plus rien à désirer.

Lorsque Joseph Buonaparte entroit à Séville, le 1er février 1810, l'armée anglaise de lord Wellington étoit dans la vallée du Mondego. La santé du soldat s'y rétablissoit à vue d'œil ; l'instruction des troupes portugaises se suivoit avec un redoublement d'activité ; on mettoit en état les principales forteresses du Portugal.

Presque sûr de n'avoir plus rien à redouter en Espagne après l'investissement de Cadix et la prise de Girone, le dominateur de la France disposa tous ses préparatifs pour la troisième invasion du Portugal et la conquête de Lisbonne.

Il sera facile de juger de l'importance qu'il mettoit à cette conquête, par l'immensité des moyens qu'il résolut d'y employer. On verra par ces soins qu'il méprisoit moins qu'il n'affectoit de le proclamer, le cabinet qui avoit résolu de lui disputer cette conquête, et l'homme dont la volonté unique, puissamment secondée par les deux gouvernemens alliés, alloit diriger toute la défense du Portugal.

Pour pouvoir se faire une idée juste de la force que les Français possédoient en

Espagne du côté du Portugal, au commencement de 1810, il suffira de jeter les yeux sur le tableau authentique de l'état de ces forces.

Le 1er corps, commandé par le maréchal Victor, et le 5e corps, commandé par le maréchal Mortier, avoient accompagné Joseph Buonaparte de Madrid à Séville, et s'étendoient depuis cette dernière ville jusqu'à Chiclana devant l'île de Léon. Le corps de Sébastiani marchoit sur Grenade et Malaga; le deuxième corps, commandé d'abord par le maréchal Soult, puis par le général Regnier, étoit rassemblé sur le Tage; le sixième corps, commandé par le maréchal Ney, restoit dans la Vieille Castille, avec la division de Kellerman, attendant l'arrivée des autres divisions que l'on savoit en marche de France vers l'Espagne.

A la fin de février, le huitième corps, commandé par le général Junot, étant arrivé de la Bohême dans le nord de l'Espagne avec d'autres troupes, les Asturies et la Galice furent envahies, et Astorga investie et prise après une longue et glorieuse résistance qui coûta 2000 hommes à l'armée française.

Ainsi, l'on voit dès-lors quatre corps d'armée envelopper le Portugal au nord et à l'est, et menacer à la fois de l'envahir sur tous les points, et après qu'il eut été établi des magasins et des dépôts dans les places voisines. Des deux corps du sud, l'un investissoit Cadix, et poussoit des détachemens jusqu'à Ayamonte ; l'autre contenoit les royaumes de Grenade et de Murcie, et faisoit des irruptions jusqu'au pied de Gibraltar. Toutes ces armées se donnoient la main, et ne formoient dans le fait qu'une seule ligne d'opérations combinées.

Du sein des voluptés, étendu sur l'édredon, attendant la jeune princesse qu'il venoit de conquérir à Vienne, Buonaparte, après avoir arrangé la représentation théâtrale de son divorce, ordonne un nouvel effort pour conquérir le Portugal à quelque prix que ce soit.

Il confie cette conquête au premier, au plus heureux, au plus habile de ses généraux, à son plus ancien compagnon d'armes, à celui qui, toujours à son avant-garde à l'armée d'Italie, lui avoit ouvert son immense fortune ; à celui qu'il avoit surnommé le favori de la victoire, à celui dont la présence d'esprit l'avoit sauvé peu de temps auparavant sur les rives du Danube ; en un mot, au maréchal Masséna, duc de Rivoli et prince d'Essling.

Il met trois corps d'armée sous ses ordres ; le deuxième, le sixième et le huitième (1). Le maréchal Soult, qui commande en chef les trois corps d'armée dans le sud, a ordre de coopérer, par des diversions, à l'ensemble de cette grande opération.

Jamais il n'avoit été rassemblé plus de moyens dans les dernières guerres de la France avec l'Autriche, la Prusse et la Russie. Mais aussi, l'honneur du tyran étoit compromis ; il lui falloit tenir la parole qu'il avoit donnée à son sénat, quand il lui avoit dit, le 4 décembre 1809 : « Lorsque je paroîtrai au-delà

---

(1) Le deuxième corps consistoit en 17,000 hommes.

Le sixième 37,000

Le huitième 28,000

82,000

Indépendamment de la division de Serras, 6000 h., et de celle de Kellerman, 6000.

» des Pyrénées, le léopard effrayé fuira » vers l'Océan pour éviter la honte, la dé» faite et la mort. Le triomphe des armes » sera le triomphe du génie du bien sur » celui du mal ; de la modération, de l'ordre » et de la morale sur la guerre civile, l'anar» chie et les passions malfaisantes. »

Il est inutile de parler ici en détail des mouvemens des détachemens espagnols qui se trouvoient dans l'Estramadoure, sous la Romana, Ballesteros et Mendizabal. Ces détachemens furent continuellement aux prises, et souvent avec succès, contre des divisions des corps de Regnier et de Mortier, entre Séville et Badajos. Le général Hill, avec 5000 Anglais et une division de troupes portugaises, établis à Portalègre à l'aile droite de lord Wellington, contribua à tenir les corps français en échec, et à leur faire respecter la frontière orientale du Portugal.

Dès que Masséna fut arrivé de Paris à Salamanque, et qu'il eut passé en revue les sixième et huitième corps sous Ney et Junot, qui formoient alors un complet de 65,000 h., il ouvrit la campagne au mois de juin 1810, par l'investissement de la place de Ciudad-

Rodrigo, sur laquelle ses batteries commencèrent à jouer le 24.

Le général anglais rassembla toute son armée, et établit, le 25 du même mois, son quartier-général à Almeida.

De ce moment commença à s'exécuter ce système de défense, que les Français eux-mêmes n'ont pu s'empêcher de dire avoir été si profondément combiné.

Toute cette campagne avoit été prévue et concertée à Séville, dans l'hiver de 1809, entre le marquis de Wellesley et lord Wellington. On va voir avec quelle persévérance le plan en fut suivi par le gouvernement anglais, par la régence de Portugal, et par le général en chef.

Le second corps, sous Regnier, après avoir été continuellement aux prises avec les troupes de la Romana et de Mendizabal, joignit la grande armée après la prise de Ciudad-Rodrigo, qui succomba le 3 juillet, non sans avoir fait une résistance opiniâtre, qui couvrit de gloire cette garnison et son brave commandant, le général Herrasty.

Le général Hill fit, avec sa division de droite, un mouvement correspondant à celui du corps de Regnier, et, laissant à Thomar une réserve composée de trois bataillons anglais et d'un corps de Portugais, il se rapprocha de l'armée alliée.

L'armée britannique consistoit alors, ainsi que nous l'avons dit, en 28,000 hommes effectifs.

Les troupes réglées de Portugal montoient nominalement à 40,000 hommes, y compris 4000 de cavalerie; mais on n'en comptoit avec lord Wellington que 25,000 effectifs. Les milices et paysans portugais armés étoient alors estimés monter à 45,000 hommes.

Des états complets et authentiques des forces françaises employées alors en Espagne, interceptés par les guerillas, faisoient consister le total de ces forces en 322 bataillons, 179 escadrons, 179 compagnies d'artillerie, outre les gardes, estimés de 10 à 12,000 h. : total, 301,000 hommes. Sur ce nombre, 98 bataillons, 66 escadrons et 48 compagnies d'artillerie composoient l'armée de Portugal : total, 88,000 hommes.

Evaluant les trois corps commandés dans le sud par le maréchal Soult au même nombre que les trois corps de Masséna, on voit près de 180,000 hommes menaçant alors l'armée alliée, sans compter les divisions réparties dans le nord de l'Espagne et dans Madrid, qui devoient prêter par la suite leur appui aux armées d'invasion, et les renforts qu'on attendoit, au nombre de 20,000 h.

Vers la fin de juillet, l'armée britannique se retira derrière la Coa, après avoir, par l'ordre du général en chef, abandonné et fait sauter le fort de la Conception.

L'avant-garde britannique, commandée par le brigadier-général Craufurd, consistant en trois bataillons anglais, deux bataillons portugais d'infanterie légère, et quelques escadrons de cavalerie, fut attaquée le 24 juillet, dans la plaine de la Coa, par une grande partie de l'armée française, et y essuya quelque perte, dont elle se vengea presque aussitôt par un carnage prodigieux au pont de la Coa, que les Français tentèrent de prendre d'assaut.

Lord Wellington, suivant d'une manière imperturbable le plan de campagne qu'il s'étoit tracé depuis plusieurs mois, avoit retiré son infanterie dans la vallée du Mondego, ne laissant qu'une division à Guarda, et quelque cavalerie en avant pour surveiller les mouvemens de l'ennemi sur la Coa.

Almeida fut investie à la fin de Juillet : la tranchée y fut ouverte le 15 d'août ; mais les batteries n'ouvrirent que le 25. Le feu ayant pris au grand magasin à poudre, tué nombre d'artilleurs, démonté les canons, démoli les murs, détruit une moitié de la ville et presque toutes les munitions, la place se rendit le 27.

Ce fut le 28 du même mois que le corps de Regnier joignit définitivement les deux corps de Ney et de Junot, que Masséna avoit déjà sous ses ordres. Deux détachemens de ce corps, l'un de 150 hommes, et l'autre de 60 dragons, avoient été taillés en pièces et totalement détruits dans le mois d'août, le premier par un détachement espagnol, le second par quelque cavalerie de l'armée alliée.

Le 5 septembre, l'armée de Masséna partit d'Almeida et entra à Guerda. Alors commença le mouvement d'invasion du Portugal par la vallée du Mondego.

Le général en chef anglais avoit tout prévu pour le mouvement rétrograde. Les ordres avoient été donnés pour que tout le pays par où l'ennemi devoit passer, fût évacué par ses habitans. On vit en cette occasion, par un de ces mouvemens héroïques si peu fréquens dans l'histoire des empires, une population toute entière, couverte par une armée, se retirer devant ceux qui venoient l'asservir.

Ces loyaux et estimables patriotes emportent avec eux leurs pénates, leur honneur, la certitude qu'ils font une chose qui sera agréable aux yeux de Dieu et de leur prince, la conviction qu'ils mériteront l'estime de leurs alliés et celle du monde, et la confiance que le succès couronnera leurs sacrifices.

Ce peuple connoît d'ailleurs son allié; il sait que le cœur du peuple anglais répondra au sien; que si leur gloire est commune, leurs ressources le seront aussi; que la libéralité de l'un soulagera la détresse de l'autre.

A mesure que les Français avançoient, les habitans du haut Beira abandonnoient leurs villes et leurs villages, emportant avec eux ceux de leurs effets qu'ils pouvoient emporter, et détruisant le reste, de sorte que le pays que l'ennemi traversoit étoit un véritable désert.

Ses communications avec l'Espagne étoient coupées par les milices portugaises et les paysans armés, connus sous le nom d'Ordonnances. Le 20 de septembre, une de ces divisions, commandée par le colonel anglais Trant, attaqua l'escorte de l'artillerie de réserve et de la caisse militaire, et lui fit plusieurs prisonniers.

La marche de Masséna avoit commencé par le chemin de Ponte di Murcella, sur la rive gauche du Mondego. Cette partie de la route étoit fortifiée sur toutes les positions qu'elle présentoit, et notamment sur celles qui sont à l'embouchure de l'Alva. Masséna, voulant les éviter, passa par le pont de Fornos sur la rive droite du Mondego, et prit la route qui mène de Vizeu à Coimbre : la difficulté des chemins, pour le transport de son artillerie et de ses équipages, lui fit perdre plusieurs jours.

Lord Wellington, qui épioit tous les mouvemens de l'ennemi, passa également sur l'autre rive du Mondego avec son grand corps d'armée, et vint se placer entre l'armée française et la ville de Coimbre, sur les hauteurs de Busaco, au travers desquelles passe la grande route. Ce mouvement fut exécuté avec aise et régularité. Les corps des généraux Hill et Leith passèrent de même le Mondego, et vinrent former la droite de l'armée alliée.

Le 27 septembre, Masséna tenta de forcer ces hauteurs. Le corps du maréchal Ney attaqua la position de l'armée alliée sur la gauche; Regnier fit un effort semblable sur la droite du centre. Les deux attaques furent repoussées avec un carnage prodigieux. Les deux corps furent engagés en totalité, et attaquèrent avec une fureur extrême; ils y eurent 5 généraux et 8,000 hommes tués, blessés ou prisonniers. L'armée alliée, qui se couvrit de gloire dans cette journée, perdit moins de 1,000 hommes.

Les troupes portugaises combattirent avec la plus grande valeur dans cette affaire, et prouvèrent au général en chef, ce qu'elles ont justifié depuis, que l'on pouvoit tout attendre d'elles par la suite.

Le 28, Masséna, voyant qu'il lui étoit impossible de pénétrer par le chemin direct, marcha par sa droite, afin de tourner les hauteurs de Busaco, et de gagner le grand chemin d'Oporto à Coimbre.

Lord Wellington resta dans cette dernière ville jusqu'au 1er octobre, que Masséna y entra; mais ce délai avoit donné aux habitans le temps de se retirer, emportant ou ayant détruit leurs effets. L'armée française trouva cette belle ville déserte, sans ressources, sans habitans; elle y laissa ses malades et ses blessés au nombre de 5,000 h., ils y furent pris le 7 octobre, par le colonel Trant, avec le détachement qui les gardoit, et les médecins et l'hôpital de l'armée.

Pour pallier ces premiers désastres, fruit des combinaisons de l'invincible Buonaparte, on inséra dans les relations françaises : d'abord « que l'attaque de Busaco n'avoit été qu'une » fausse attaque par une nuée de tirailleurs, » afin de couvrir le mouvement de flanc qui » avoit été résolu pour tourner ces mon» tagnes; qu'il leur avoit été ordonné de » nourrir l'attaque pendant deux jours, et » qu'une brigade du second corps (Regnier) » *feroit semblant* d'attaquer la droite des » Anglais, tandis qu'une brigade du sixième

» *feroit* également *semblant* de vouloir em-
» porter la position de Busaco ; que ces
» manœuvres réussirent complétement, mais
» que les deux brigades, emportées par
» l'impétuosité naturelle aux Français, pous-
» sèrent leurs attaques trop loin, et ne
» purent être soutenues parce que l'armée
» étoit déjà loin (1). »

Puis, dans la même relation officielle, on attribuoit l'enlèvement des cinq mille blessés à Coimbre, « à un *malentendu* et aux *faux* » *mouvemens* d'un corps d'observation. » On y réduisoit encore à 1,600 hommes le nombre des prisonniers faits à cette occasion.

L'imposture des bulletins français est devenue si trivialement proverbiale, qu'on dédaigne de disputer des assertions qui peuvent à chaque instant être démenties par 150 mille témoins, mais qui ne peuvent l'être dans la capitale du grand empire, ou une seule presse a le privilége exclusif de la fabrication du mensonge et de la calomnie.

Lord Wellington, qui avoit médité depuis long-temps l'ensemble de cette campagne,

(1) Moniteur du 30 novembre 1810.

se retira tranquillement, et dans le meilleur ordre, sur les positions qu'il avoit choisies et fortifiées d'avance pour couvrir Lisbonne qui ne pouvoit pas être défendue efficacement à Busaco. Il suffit ici de copier la description que les Français font eux-mêmes de ces positions formidables. « Les Anglais avoient leur » droite à Alhandra, sur le Tage; leur » gauche, près de l'embouchure du Lisandro, » dans la mer : ils occupoient ainsi une position de dix lieues d'étendue sur une ligne » de hauteurs retranchées : le petit nombre » de débouchés par lesquels on pouvoit » arriver jusqu'à eux, étoient hérissés d'artillerie...... » ; Et dans un autre endroit, » M. le prince d'Esseling a fait ce qui dépendoit de lui pour engager les Anglais à lui » disputer le terrain : mais il a été impossible » d'amener à une bataille un ennemi *extrêmement prudent*, et qui ne veut pas » combattre, s'il n'est pas établi sur des rocs » inaccessibles, ou caché derrière des retranchemens couverts d'artillerie et inexpugnables (1). »

(1) Moniteur du 29 novembre 1810.

Ainsi, ce même Moniteur qui, au mois d'octobre 1809, avoit déclaré que lord Wellington *manquoit de cette prévoyance, caractère si essentiel à la guerre, qui conduit à ne faire que ce qu'on peut soutenir, et à n'entreprendre que ce qui présente le plus grand nombre de chances de succès*, étoit obligé de convenir, au mois de novembre 1810, que ce général *imprévoyant*, devenu tout-à-coup *extrêmement prudent*, « n'avoit » entrepris que ce qui lui présentoit le plus » grand nombre de chances de succès, » tandis que le prétendu héros qui gouvernoit la France avoit eu *l'extrême imprudence* de contraindre le plus prévoyant des généraux *à s'avancer jusqu'au milieu du Portugal, sans savoir ni ce qu'il avoit devant lui, ni ce qu'il avoit sur ses flancs*. Et pour continuer de parler le langage du Moniteur, ce général ne s'enfuit pas alors en toute hâte, et en cela il n'eut pas raison ! !

En effet, il s'arrêta pendant cinq mois de suite devant ces positions imprenables, et Buonaparte fut privé des deux holocaustes qui lui sont les plus agréables, le sang anglais et le sang français abondamment versés.

Dans ce même mois d'octobre 1809, le journal consacré à être l'oracle du Monde avait dit « que les Français auraient pu » entrer en Portugal, mais qu'ils ne l'avoient » pas voulu, parce qu'on étoit alors au mois » d'août, parce que le climat est funeste » dans cette saison, parce qu'il n'y a que » des insensés, tels que ceux qui dirigent le » gouvernement anglais, qui s'exposent, au » mois d'août et de septembre, à faire périr » une armée dans les sables de l'Estrama- » doure. (1) »

Et pourtant, c'était au mois d'août 1810 que les Français étoient entrés en Portugal ! c'étoit au mois de septembre que les hommes *sensés* qui dirigeoient le gouvernement français envoyoient 90,000 hommes *vivre* dans les sables de l'Estramadoure !

L'armée française qui, depuis son entrée en Portugal, n'avait vécu en grande partie que de biscuit et des légumes qui étoient restés sur terre, trouva plus de ressources dans l'Estramadoure. On avait négligé d'y faire enlever ou détruire les vivres, ainsi que

(1) Moniteur du 9 octobre 1809.

lord Wellington l'avoit fait dans le haut et bas Beira. Masséna put en conséquence y prolonger la campagne de quelques mois.

Dans l'intervalle qui s'écoula depuis le 1er octobre 1810 jusqu'au 1er mars 1811, les forces britanniques furent augmentées par l'arrivée des renforts qui vinrent d'Angleterre, de Cadix, de Sicile, et même de la Nouvelle-Ecosse. Au mois de décembre, l'armée anglaise montoit à quarante mille hommes ; l'armée portugaise en comptoit un nombre presque semblable, et les milices devenoient de jour en jour plus formidables par le nombre, la discipline et l'habitude de la guerre.

Vers le commencement de novembre, le marquis de la Romana, après avoir laissé deux divisions de son armée dans l'Estramadoure espagnole, arriva avec six ou sept mille hommes, et joignit les alliés devant Lisbonne. Le 14 novembre, Masséna changea de position, et, par un mouvement sur sa gauche, se porta sur le Zézère, établissant son quartier-général à Santarem.

Dans cette nouvelle position, tous ses mouvemens furent incertains. Ses soins se bornèrent à construire des ponts sur le Zézère, à se procurer des vivres, et sur-tout à s'ouvrir quelques communications avec la France.

Telle étoit la vigilance des divisions de milices qui infestoient ses derrières depuis Pómbal jusqu'à Vizeu, sous les ordres des infatigables officiers anglais et portugais Silveira, Bascellar, Trant, Miller, Wilson et Blunt, que le général français étoit dans la nécessité d'expédier des armées pour escorter ses courriers, et d'envoyer des courriers pour qu'on lui expédiât de nouvelles armées. Le général Foy, qui porta la première dépèche de l'armée de Portugal à Paris, eut besoin d'une escorte de 3000 hommes pour arriver en sureté à Almeida.

Déjà les 90,000 hommes, avec lesquels Masséna étoit entré en Portugal, se trouvoient réduits à 72,000 par les pertes qu'il avoit essuyées aux affaires de Busaco et de Coimbre, par les prisonniers qu'on lui faisait journellement, notamment lorsqu'il changea de position, par la désertion, et sur-tout par les maladies qu'engendroient la famine, l'inaction et le climat.

Lorsque lord Wellington vit le changement de position de l'armée française, et qu'il eut reconnu celle qu'elle avoit prise à Santarem, les pluies ayant détruit les routes et inondé les terrains bas qui se trouvent près de Santarem, le long du Tage, il se contenta de resserrer l'ennemi en établissant son quartier-général à Cartaxo, en fortifiant la ville d'Abrantès sur la rive droite du Tage, et en garnissant la rive gauche d'une force portugaise et britannique, capable de repousser les Français s'ils tentoient de pénétrer dans l'Alentejo. La division du général Hill et la cavalerie portugaise sous le général Fane, surveilloient de ce côté les mouvemens de Masséna, aidées de nombreux détachemens de chaloupes canonnières et de bateaux armés de la flotte britannique, qui couvroient et protégeoient le Tage jusqu'au-dessus d'Abrantès. Un coup de canon parti d'une de ces chaloupes, tua, le 12 octobre, le général de division Sainte-Croix, un des meilleurs officiers de l'armée française.

A quelques jours de là, le général Junot, venu en reconnoissance à Rio-Mayor, y fut blessé grièvement à la figure, par un hussard anglais.

Un gros corps de cavalerie, détaché par Masséna pour surprendre Coimbre, trouva cette ville mise en bon état de défense par le colonel Bascellar, et se retira précipitamment.

Vers le milieu de novembre, il parut sur la frontière des troupes françaises que l'on savoit depuis quelque temps s'y rassembler pour venir renforcer Masséna. C'étoit la division du général Gardanne, dont l'avant-garde éprouva, le 14, un échec qu'elle dut au général Silveira. Cette division tourna ensuite sur sa gauche, et marcha rapidement sur Zézère. Cependant arrivée à Cardigos, à trois lieues des avant-postes de l'armée de Masséna, elle se retira avec précipitation vers la frontière espagnole, détruisant son bagage, et perdant bon nombre de ses hommes par les attaques des paysans.

Un nouveau corps de troupes françaises, qui avait été campé auprès de Nantes pendant l'été, étoit entré en Espagne au mois de septembre, et avoit été mis sous les ordres du général Drouet, sous la dénomination du neuvième corps de la grande armée. Une partie de ce corps avoit éte rassemblée vers

Salamanque, Ciudad-Rodrigo et Almeida ; où elle avoit relevé les troupes qui étoient entrées en novembre sous les ordres du général Gardanne. Après la retraite précipitée de ce dernier, le corps de Drouet se porta en avant ; et sa division de tête renforcée des débris de celle de Gardanne, ayant marché par Puerte di Murcella, effectua sa jonction avec Masséna, le 26 décembre. Ce corps ajouta 20,000 hommes aux forces de l'armée française.

Pendant ce temps, l'armée alliée se renforçoit chaque jour. Lisbonne recevoit par le Tage des approvisionnemens de toute espèce, tant pour son ancienne population que pour la multitude qui s'y étoit réfugiée. Pour calmer les craintes du public en France sur la disette et le mécontentement qui menaçoient l'armée de Masséna d'une grande catastrophe, on disoit, on imprimoit à Paris : « Que les régimens et les soldats français » recevoient régulièrement leur ration jour- » nalière de pain et de biscuit, qu'on avoit » formé d'abondans magasins de grains, qu'il » n'y avoit rien à craindre pour les subsis- » tances, *que tout cela pourroit vivre, tenir,*

» *la campagne, et braver les fanfaronnades des Anglais*, que le maréchal prince » d'Essling sentoit mieux que personne que » des vivres dépendoit la campagne du » Portugal. » Et d'un autre côté, le gouvernement français annonçait : « Que les vivres » étoient hors de prix à Lisbonne, que cette » capitale étoit sur le point d'éprouver les » horreurs de la famine, et que les Anglais » y régnoient par la terreur !! (1) »

Cependant, telle étoit l'abondance, telle étoit l'affluence des provisions qui arrivoient d'Europe, d'Afrique et d'Amérique, à Lisbonne, qu'il a fallu et qu'il faut encore les réexporter aujourd'hui, tant elles s'y sont trouvées à vil prix ! tant étoit grande la confiance du commerce dans la régularité et la solidité des paiemens du gouvernement portugais et du commissariat anglais ! Jamais armée britannique ne fut mieux approvisionnée ; jamais armée ne fut plus pleine d'ardeur, de confiance et de santé ; jamais armée auxiliaire ne fut plus chérie, plus respectée des alliés qu'elle protégeoit, de cette loyale popula-

(1) Moniteur du 30 novembre 1810.

tion résidente ou réfugiée à Lisbonne, de cette multitude d'hommes que le crédit de la Grande-Bretagne alimentoit, tandis que son bras les défendoit contre cent mille barbares qu'ils voyoient sans inquiétude à quelques lieues des portes de la capitale :

Hic profugis sedes, adversaque signa furori,
Servandis hic castra bonis . . . . .

Pour se faire une juste idée de l'immensité des secours que l'Angleterre fournit en cette occasion à son allié, il suffit de savoir qu'indépendamment de deux millions sterling que le parlement a alloués pour l'entretien de 25,000 Portugais que la Grande-Bretagne a pris cette année à sa solde, outre l'entretien de 40,000 hommes de ses propres troupes, elle a eu constamment à Lisbonne, pendant le cours de cette campagne, de 15 à 20 vaisseaux de ligne, 330 bâtimens de transport, mesurant 100,000 tonneaux, et pour une valeur de quatre millions sterling en approvisionnemens et en munitions de toute espèce.

C'est par une libéralité semblable, c'est par des efforts aussi prodigieux pour ses alliés que s'explique naturellement la baisse actuelle du change de l'Angleterre avec l'étranger, et non par les causes imaginaires auxquelles on veut l'attribuer. On représentoit à Paris, comme le signal de détresse de la Grande-Bretagne, ce qui sera un jour le plus beau titre de sa gloire. On verra à l'avenir, dans cette dépression momentanée de son change, qu'outre ce qu'elle faisoit alors pour ses alliés, elle prenoit encore un soin plus tendre des intérêts des autres peuples que des siens propres.

Tandis qu'on amusoit l'armée de Portugal de l'idée que ses manœuvres sur le Tage ruineroient les finances de la Grande-Bretagne, son empereur la laissoit elle-même sans pain et sans solde pendant six mois.

Cependant ces quatre corps d'armée qui nourrissoient la guerre en Portugal depuis cinq mois, *suivant la loi fondamentale des armées françaises* (1), étoient eux-mêmes au moment d'éprouver toutes les horreurs de la famine; et pourtant ils avoient, disoit-on aux Tuileries, une communication libre avec leurs magasins d'Espagne, ceux de Bayonne, et toutes les ressources de la

(1) Moniteur du 26 février 1811.

France et de l'Allemagne ; disons même avec celles de Dantzick, de la Pologne et de la Baltique, par les canaux faits ou commencés. Malgré tant d'avantages apparens, le moment arrivoit où Masséna n'auroit plus de ressources que dans la retraite.

C'est ce moment décisif que lord Wellington avoit prévu depuis le commencement de la campagne : chaque jour ajoutoit à l'espérance qu'il avoit conçue de son succès.

Cet espoir s'est réalisé le 5 mars 1811. Ce jour-là, commença l'évacuation du Portugal, après une campagne pendant laquelle de braves soldats qu'un tyran avoit laissés sans vivres, sans munitions, sans habits, pour nourrir la guerre dans le Portugal, en ont aussi fécondé les champs par leurs cadavres, et y ont laissé des souvenirs qui nourriront à jamais dans le cœur des habitans, des haines inextinguibles contre tout ce qui leur rappellera le nom de Buonaparte.

La rage qui transportoit cette armée depuis le premier des chefs jusqu'au dernier des soldats, est le plus glorieux témoignage de la sagesse et de la prévoyance du général anglais, et de la discipline de l'armée britannique.

La route de Masséna est jonchée de canons, d'affûts et de caissons détruits, de bagages abandonnés, ainsi que de cadavres de chevaux et d'hommes morts de fatigues, de disette, de maladies, ou sous les coups de l'armée, des milices et des paysans portugais.

Le pillage le plus affreux, l'incendie, le meurtre, le viol, ont été par-tout multipliés par les ordres de l'auguste professeur de la civilisation nouvelle, de cet empereur dont le triomphe devoit être celui du génie du bien, de l'ordre, de la morale et de la modération sur les passions malfaisantes! La ville de Leyria est réduite en cendres; les temples, les palais, les chaumières, les villages et les villes sont également brûlés; les tombeaux sont violés; les vieillards, les enfans sont mutilés, égorgés; les femmes déshonorées. On diroit que le sanguinaire Napoléon a juré d'ensevelir le Portugal sous ses ruines.

Les Français poursuivis sans relâche, aucune position ne peut les mettre à l'abri, et pourtant nul pays n'offre plus de défenses que le Portugal ! Regnier cherche en vain à plusieurs reprises à arrêter l'armée alliée ; l'ardeur de celle-ci égale sa valeur et sa discipline. A peine l'armée française a-t-elle pris une position que lord Wellington l'a déjà fait tourner ; et Redinha, Guarda, Almeida, Sabugal, les rivières de la Ceira, de l'Alva, de la Coa, ne peuvent opposer de barrières à l'armée qui poursuit. Le 9 avril, les dernières colonnes françaises évacuoient le Portugal, laissant seulement une foible garnison dans la place d'Almeida qui a été bloquée, et doit succomber avant peu.

Des 100,000 hommes que la ville de Ciudad-Rodrigo a vus entrer successivement en Portugal, s'il faut en juger par les proclamations de Masséna et par la force connue de chaque corps d'armée française en particulier, à peine en est-il rentré la moitié en Espagne. Le reste a donc péri à Busaco, à Coimbre, à Santarem et dans la retraite. Et tandis que le plus heureux, le plus expérimenté, le plus prudent des généraux de Napoléon, obtenoit ce juste résultat d'une tentative désespérée, cette longue et glorieuse victoire, grâces aux admirables combinaisons, aux habiles manœuvres du général anglais, ne coûtoit presque ni larmes ni sang aux enfans de la Grande-Bretagne, aux armées alliées.

Telles furent la promptitude et la rapidité de la poursuite, que le plan de dévastation de l'armée française en se retirant, n'a pu être mis à exécution que sur un local assez resserré. Il n'a heureusement pu s'étendre que dans le rayon d'une lieue de chaque côté de la route que suivoit en fuyant l'armée française.

Mais déjà ces maux ont été réparés en grande partie. Le parlement impérial a voté 100,000 livres sterling, et pareille somme a été souscrite par la noblesse et le commerce britannique, de concert avec les Portugais et Espagnols résidant en Angleterre, pour soulager les maux nécessaires que la loyauté s'étoit imposés à elle-même lors de l'invasion, et les maux inutiles que la rage et la barbarie ont infligés au Portugal lors de la retraite, au nom *du génie du bien, de la modération, de l'ordre, de la morale* qui préside aujourd'hui aux destinées du grand peuple.

C'est ainsi que la Grande-Bretagne *aban-*

donne des alliés qui lui sont fidèles, et qui, fidèles à eux-mêmes, ne se laissent pas décourager et intimider au premier revers! C'est ainsi qu'elle répond à ces notes injurieuses, à ces messages insolens, à ces bulletins mensongers que vomit en France la presse officielle de l'imposture.

Qui pourra croire, après avoir vu les faits qui précèdent, que le jour même où Masséna enfouissoit ses canons à Santarem, et faisoit partir ses équipages pour commencer la retraite, ce même organe du mensonge, *le Moniteur*, faisant dans ses notes habituelles un commentaire impertinent du discours du prince Régent d'Angleterre au parlement, osoit dire : « *Si Masséna, ayant* » *reçu ses renforts et son artillerie de siége,* » *veut marcher contre vous après avoir* » *éteint vos batteries ; ou si vous-mêmes,* » *fatigués de cette lutte ruineuse, vous mar-* » *chez à lui, qu'arrivera-t-il? Si vous êtes* » *victorieux, vous n'aurez aucun résultat;* » *car à peine aurez-vous fait deux marches* » *que vous rencontrerez de nouvelles ar-* » *mées* (1). »

---

(1) Moniteur du 26 février 1811.

L'armée française a fait trente-cinq marches depuis le 5 mars jusqu'au 9 avril, poursuivie par l'armée anglaise; et, bien loin de rencontrer un seul corps d'armée venant à son secours, il lui a fallu aller jusqu'à Zamora et Toro avant de trouver les premières troupes du corps du maréchal Bessières, à plus de trente lieues du point de la frontière du Portugal par lequel elle s'est échappée.

Revenant encore sur l'affaire de Busaco, le rédacteur des mêmes notes, quel qu'il soit, se permettoit de dire du général anglais que, « puisque lord Wellington avoit jugé » convenable de prendre la position de Bu» saco, quoiqu'il n'obtînt pas la gloire de » défendre le Portugal, puisque déjà il avoit » abandonné trente lieues de pays à l'en» nemi, cependant il y couvroit les trois » quarts du Portugal, il tenoit toute l'armée » française éloignée de quarante lieues de la » capitale, il gardoit ses communications » avec Oporto et avec toutes les provinces » au-delà du Douro; que l'armée française » du Portugal demeuroit séparée de plus de » quatre-vingts lieues de l'armée du midi,

» et ne conservoit pour subsister qu'un pays
» que Wellington avoit dévasté avec médi-
» tation ; qu'elle se trouvoit ainsi réduite à
» faire venir d'Espagne ses convois par des
» chemins impraticables ; qu'au moment de
» la saison des pluies, elle auroit été séparée
» de l'Espagne, et obligée de retourner à
» Almeida ; que si le général anglais s'étoit
» maintenu pendant quinze jours seulement
» dans la position de Busaco, il auroit pu se
» vanter d'avoir gagné la campagne et dé-
» fendu le Portugal ; qu'on auroit été, à la
» vérité, dans le cas de lui reprocher le
» ravage de trente lieues de pays, mais que
» ce reproche ne seroit pas resté sans ré-
» ponse, s'il avoit forcé l'armée française à
» évacuer ce pays même, et prouvé, par
» le fait, que ces ravages avoient contribué
» au succès de la campagne ; que ces com-
» binaisons et ces considérations n'avoient
» point échappé au général anglais ; qu'il
» avoit voulu défendre sa position, et qu'on
» s'étoit battu à Busaco ; que le résultat de
» la bataille avoit été une retraite à marches
» forcées sur Lisbonne ; que l'armée fran-
» çaise, arrivant presqu'en même temps que

» lui à la vue de ses vaisseaux, avoit trouvé » des provisions immenses dans les belles » vallées du Tage ; que les Anglais avoient » donc été battus à Busaco ; que peu impor- » toit que ce fût le général ou que ce fût les » officiers et les soldats ; qu'une armée étoit » la réunion de *tout cela ;* que le général » français avoit fait ce qu'il vouloit ; que le » général anglais n'avoit rien fait, n'avoit » rien défendu, n'avoit exécuté aucun de » ses projets ; que la journée de Busaco les » avoit tous fait échouer. » Et pour finir par un trait de sentiment cette heureuse tirade, ces notes ajoutoient d'une manière attendrissante : « Les Portugais reproche- » ront à jamais au général anglais les ra- » vages inutiles qu'il a exercés. Lorsqu'ils » voudront apprendre à leurs enfans com- » ment les Anglais défendent un pays, ils » leur montreront les ruines de leurs vil- » lages, de leurs châteaux et de leurs villes. »

Il s'écoula peu d'heures après la publication de ces forfanteries, lorsqu'on apprit à Paris que lord Wellington avoit bien plus efficacement défendu le Portugal des hauteurs de Lisbonne, qu'il n'auroit pu le faire de celles de Busaco ; que l'armée française ne pouvoit plus rien tirer des immenses ressources des vallées du Tage ni de l'Espagne ; que l'armée anglaise victorieuse, au lieu de trouver devant elle de nouvelles armées françaises, en chassoit devant elle quatre totalement désorganisées, fuyant par des chemins impraticables ; que le général anglais avoit fait ce qu'il voulait ; que le général français n'avoit rien fait ; n'avoit rien conquis, n'avoit executé aucun de ses projets, et qu'enfin la campagne étoit gagnée.

Il avoit également été annoncé (1) que « le jour où l'armée anglaise s'embarqueroit » devroit être un jour de fête ; que les avan- » tages de la lutte actuelle seroient d'autant » plus grands pour la France que les Anglais » y auroient mis plus d'enjeux ; qu'il falloit » qu'elle fût forte pour être décisive, qu'elle » fût longue pour produire tous ses ré- » sultats. »

Si l'on ne savoit pas quel est l'homme qui compose seul ces réflexions pétulantes et présomptueuses, on auroit peine à contenir

(1) Moniteur du 26 février 1811.

sa surprise de l'effronterie avec laquelle on a osé offrir à une nation railleuse et spirituelle comme la nation française, des diatribes dont chaque sentence a dû ainsi retomber et porter à plomb sur leur auteur, si peu de jours après leur publication. Il faut que le système de terreur soit devenu bien puissant, s'il a empêché en France de faire, respectivement au vaincu et au vainqueur, l'application de ces grandes maximes politiques et militaires !

Certes, l'on peut bien dire aujourd'hui, avec vérité, que le jour où l'armée française a évacué le Portugal, a été un jour de fête pour ses habitans ; que les Portugais reprocheront toujours à Buonaparte les ravages qu'il a ordonné d'y exercer, et que lorsqu'ils voudront apprendre à leurs enfans quel étoit alors le génie du bien, de l'ordre et de la morale, qui vouloit les régénérer, ils leur montreront les débris de leurs villages, de leurs châteaux et de leurs villes incendiés.

Ce n'étoit point les hauteurs de Busaco, c'étoit les hauteurs de Torres-Vedras que lord Wellington avoit eu la prévoyance de choisir depuis long-temps comme le pivot sur lequel devoit tourner toute la défense du Portugal. Ce général étoit trop prudent pour risquer légèrement en plaine, à la frontière du Portugal, et l'armée anglaise et l'armée portugaise, qui n'avoit pas encore été suffisamment éprouvée ; aussi le marquis de la Romana n'hésita-t-il pas de reconnoître, au commencement de la campagne, la sagesse des motifs qui empêchèrent lord Wellington de marcher au secours de Ciudad-Rodrigo, lorsque cette place étoit assiégée. Les deux généraux avoient jugé dès-lors que cette place seroit immanquablement reprise de Torres-Vedras, et sur-tout qu'il falloit *que la lutte fût forte pour être décisive ; qu'elle fût longue pour produire tous ses résultats.*

Elle a été décisive, cette lutte pendant laquelle on n'a pas vu moins de huit corps d'armée français, ou 240,000 hommes fixés sur une seule proie, et obligés à la fin de l'abandonner.

Ces huit corps sont :

Celui du maréchal Bessières, couvrant au nord l'armée d'invasion ;

Les quatre corps de l'armée d'invasion, de Ney, Regnier, Junot et Drouet ;

Les trois corps du midi, aux ordres du maréchal Soult, commandés par Mortier, Victor et Sébastiani ; le premier attaquant le Portugal par l'est, et les deux autres concourant à l'invasion par plusieurs diversions simultanées.

Elle a été longue cette lutte ; ainsi on la verra, sans doute, produire tous ses résultats.

Il avoit fallu sept mois pour fortifier les hauteurs de Torres-Vedras ; elles ont défié 240,000 Français pendant le même espace de temps. Cette longue et savante campagne a donc duré quatorze mois et plus.

Cependant le maréchal Soult étoit parti de Séville avec une division de l'armée de Victor; et, réuni avec quelques divisions du corps de Mortier, il avoit marché avec 22,000 hommes sur Badajoz, afin de faire une diversion utile à Masséna. L'armée espagnole du marquis de la Romana voulut absolument quitter celle de lord Wellington, et marcher au secours de ses compatriotes ; mais son brave et loyal chef n'étoit plus. Cet énergique et actif patriote venoit de succomber sous le poids de ses longues fatigues. Soult eut de grands succès pendant quelques instans ; mais lord

Wellington avoit vu d'un coup d'œil l'ensemble de la campagne : il savoit que le salut de l'Espagne dépendoit plutôt des avantages sur l'armée de Masséna que de ceux qu'on pourroit remporter sur la frontière orientale. Dès qu'il vit la campagne décidée et gagnée le 5 mars, avec cette promptitude qui le caractérise si éminemment, il détacha le maréchal Béresford le même jour avec 22,000 h., pour aller déloger Soult et Mortier. Déjà Olivenza et Campo Mayor ont été délivrés et repris avec les garnisons qui y avoient été laissées, les Français sont assiégés à leur tour dans Badajoz, Soult est rentré à Séville pour soutenir Victor, les partis et les armées espagnoles sont devenus plus actifs, plus nombreux et plus audacieux dans l'Andalousie et dans les autres provinces ; et tout présage que la prise de Badajoz sera avant peu le signal de la délivrance du midi de l'Espagne, où déjà les corps français, réduits à un petit nombre d'hommes, offriront bientôt le même tableau de désorganisation et d'affaissement que les corps d'armée du nord.

L'impatience que Napoléon témoignoit de voir lord Wellington risquer l'armée alliée dès le commencement de la campagne, en risquant une bataille rangée pour secourir Almeida et Ciudad-Rodrigo, les provocations qu'il sembloit lui faire à ce sujet, prouvent, beaucoup mieux que tout ce qu'on pourroit dire, la bonté du système de prudence et de défensive que la sagesse avoit conseillé au général anglais d'adopter. Il voyoit que la France faisoit pour cette conquête, l'effort le plus prodigieux qu'elle eût encore fait, même quand il lui fallut défendre ses propres frontières. Non-seulement il voyoit qu'on lui avoit opposé le plus heureux des généraux français et celui qui passoit pour le plus habile, mais encore qu'on avoit tiré les meilleurs officiers des autres armées pour les faire agir dans celle de Portugal. Il savoit que la France étoit en paix avec toutes les puissances de l'Europe, à l'exception des peuples de la péninsule; que l'honneur de son dominateur étoit compromis; que ses menaces circuloient dans toute l'Europe, et qu'il sacrifieroit tout pour ne pas se déshonorer et pour racheter le gage qu'il avoit donné. Il vit la nécessité où il étoit de temporiser; et il suivit ce plan imperturbablement, sans s'occuper des jugemens qu'on en porteroit.

Si cependant lord Wellington s'étoit fixé sur un système défensif, il ne perdit jamais de vue qu'il conviendroit de prendre l'offensive toutes les fois qu'il se présenteroit une chance raisonnable de succès. Cette chance se présenta à l'affaire de Busaco. On y mit à l'épreuve l'armée portugaise, disciplinée par des officiers britanniques. On n'aperçut, dans cette importante journée, aucune différence entre le soldat portugais et le soldat anglais. Alors, ces troupes méritèrent et obtinrent la confiance de leur général ; elles acquirent elles-mêmes confiance dans ce qu'elles pouvoient ; et lord Wellington vit, dès ce moment, ce qu'il pouvoit en attendre pour ses opérations futures.

La prudence lui interdisoit de livrer bataille à Masséna dans la forte position que celui-ci avoit prise à Santarem. Il connoissoit la situation difficile dans laquelle son ennemi se trouvoit ; il pouvoit calculer, presque à un jour près, l'époque où il devroit se retirer pour ne pas périr entièrement ; il savoit que de la conservation de son armée, la seule qui pût lutter contre les Français dans toute la péninsule, dépendoit le sort définitif de ce vaste territoire. La politique, non moins que la philantropie, interdisoit une effusion de sang inutile, lorsqu'on avoit la certitude qu'un délai amèneroit les mêmes résultats. Aussi tous les préparatifs pour la poursuite de l'ennemi, dans sa retraite, avoient-ils été si bien combinés et mûris, que, malgré tout le talent du maréchal d'Empire qui dirigea cette retraite, l'armée française fut constamment menée battant jusqu'à la frontière; jusqu'au même terrain d'où Buonaparte faisoit lancer, l'année d'auparavant, ces vaines proclamations, mélange de menaces insolentes et de protestations insidieuses.

Ainsi l'Angleterre a acquis maintenant la conviction qu'elle possède une armée accoutumée à la guerre, qui l'a vue sous toutes ses formes, non-seulement dans des batailles et dans des victoires, mais encore dans de fatigantes retraites, dans une vive poursuite, dans des siéges, en restant des mois entiers dans des positions particulières; elle sait qu'elle possède un général qui ne le cède en rien aux premiers généraux de la France, à ceux dont de continuels succès à la guerre ont rendu les noms proverbialement célèbres.

Depuis long-temps les ennemis de la gloire de l'Angleterre vouloient la borner aux prouesses de ses forces maritimes, dont les succès, depuis un demi-siècle, ont jeté tant d'éclat sur sa marine. Les généraux et les orateurs français apprendront désormais à respecter davantage les armées britanniques que la France aura à combattre. Ils savent déjà, par l'exemple des Abercrombie et des Moore, que les généraux anglais savent vaincre et mourir; ils ont vu, à la bataille de la Corogne, que l'intrépidité du général et du soldat, que leur dévouement et leur patriotisme sont inébranlables, même dans les circonstances les plus pénibles; qu'ils lisent dans les trophées de Maida, de Barrosa (1) et du Portugal, que les Stuart, les

(1) Le jour où Masséna commençait sa retraite, le général Graham, avec 3500 hommes seulement de troupes britanniques, avoit l'avantage à Barrosa, dans l'Andalousie, sur deux divisions du corps du maréchal Victor, fortes de 8000 hommes.

Graham, les Wellington, les Béresford peuvent maintenant lutter avec eux, et contre les dangers et les difficultés qui souvent ont rendu le succès des armes britanniques plus glorieux encore.

Lorsque la triste vérité est enfin parvenue aux pieds du trône impérial, on a de nouveau cherché à la déguiser aux Français, en leur disant, d'après des lettres du quartier-général, en date du 15 mars, dix jours après le commencement de la retraite, « que le » maréchal prince d'Essling avoit jugé con» venable de faire *un mouvement ;* qu'il » avoit porté sa droite à la mer, sa gauche » au Zézère, et son quartier-général à » Pombal; que différens corps de troupes » à la solde de l'Angleterre avoient été » défaits; que des colonnes avoient parcouru » le Portugal dans tous les sens, et opéré la » soumission et le désarmement de plusieurs » contrées (1). »

Depuis ce temps jusqu'au 30 avril, il n'a plus été question de ce que le message de décembre 1809 appeloit d'avance le triomphe

(1) Moniteur du 27 mars 1811.

du génie du bien, de l'ordre, de la morale et de la modération sur les passions malfaisantes !

Que le monde entier se réjouisse aujourd'hui avec l'Angleterre et ses alliés, de l'évacuation du Portugal ! Que les peuples voient dans le long et glorieux exemple de bravoure et de persévérance que leur donnent l'Angleterre et la péninsule, l'exemple de ce qu'ils peuvent tenter et espérer pour leur délivrance.

Qu'ils sachent que la prise de Lisbonne devoit être le signal de leur réunion au même joug de la plus grande partie des Etats de l'Europe.

Que de même l'on voie dans la libération déjà effectuée du Portugal, la libération prochaine de l'Espagne et la délivrance future de l'Europe.

Que les peuples se convainquent par l'exemple du Portugal, que la Grande-Bretagne n'abandonne point des alliés qui lui sont fidèles, qui se sont fidèles à eux-mêmes, et qui ne se laissent point intimider aux premiers revers ! Qu'ils sachent qu'elle ne peut les réunir à son empire, mais qu'elle peut les associer et à sa gloire et à sa prospérité.

Qu'ils voient dans cette guerre de la péninsule, la soif qu'avoit le tyran de posséder les colonies et les mines espagnoles, punie par la perte de toutes ses propres colonies.

Qu'ils voient la Grande-Bretagne, se multipliant sur tous les points, couvrir à la fois de ses forces le détroit du Phare et celui du Sund; le golfe Adriatique et le golfe de Finlande; défendre Anholt d'une main, et protéger de l'autre la Sicile; et si le génie du mal, dans un de ces élans gigantesques qui lui sont suggérés par l'enfer, chassé de Cadix, étendoit son vol jusqu'aux portes d'Archangel, qu'il soit assuré d'y trouver encore un amiral et un général britannique.

Que les nobles enfans du Portugal se félicitent de la loyauté et du patriotisme qu'ils ont manifestés! Ils ont évité les piéges qu'on tendoit à leur intégrité et à leur bonne foi: on les invitoit à recevoir les Français en amis, ils les ont reçus en hommes et en héros; ils ont su protéger leurs personnes et leurs propriétés contre celui qui avoit déjà disposé de leurs propriétés, et qui se préparoit à conscrire leurs personnes à l'instar des Norwégiens et des marins de la Baltique ; qu'ils aillent aujourd'hui entre les murs de leurs temples incendiés, remercier celui qui leur a inspiré la force et le courage de résister à l'usurpateur ; et leur encens, fumant au travers de ces débris enflammés, montera plus pur au pied du trône du Dieu des armées !

Que les sénateurs du tyran lui demandent aujourd'hui pourquoi, après leur avoir annoncé emphatiquement que dès qu'il se montreroit de l'autre côté des Pyrénées, le léopard effrayé se réfugierait sur ses vaisseaux, il est demeuré à Paris, tandis que le léopard repoussoit ses lieutenans jusqu'au pied des Pyrénées ? Pourquoi, au lieu d'aller conquérir lui-même la péninsule, ce vaste tombeau de son armée et de sa gloire, il demeuroit nonchalamment arrêté auprès du berceau de sa dynastie ?

Que ses secrétaires lui demandent maintenant quelles nouvelles sentences ils doivent porter contre la Grande-Bretagne ? Quelles nouvelles expressions ils doivent employer pour menacer, intimider ou avilir dans leurs diatribes un gouvernement, un général, une armée qui l'ont vaincu (1) ?

Que ce tyran féroce qui naguère faisoit tout trembler, tremble à son tour sur son lit de roses ! Que dans ses rêves audacieux, il s'exerce encore à tromper et à effrayer l'Europe par ses menaçantes hyperboles ; l'Angleterre ne cessera de le combattre de toutes les manières, de déchirer le bandeau dont il couvre les yeux du monde, et d'arracher les fers dont il charge les mains de ses esclaves.

Que ses flatteurs, que ses poëtes aient l'air de déplorer le retard de la civilisation qu'il promettoit ; qu'ils épuisent leur érudition à le comparer ou à le mettre au-dessus des

(1) « Je suis résolu à pousser les affaires d'Espagne » avec la plus grande activité, et à détruire les armées » que l'Angleterre a débarquées dans ce pays. » *Mes- » sage au sénat*, *du 4 septembre* 1808.

« Soldats, je vous déclare que j'ai besoin de vous ; » le hideux léopard souille par sa présence le territoire » de l'Espagne et du Portugal. Que votre aspect le » remplisse d'épouvante, et lui fasse prendre la fuite. » Portons nos aigles victorieuses jusqu'aux colonnes » d'Hercule ; là, nous avons un affront à venger. » *Discours aux soldats*, *le* 11 *septembre* 1808.

héros anciens et modernes ; l'histoire impartiale a déjà fixé sa place au-dessus des Catilina et des Néron.

En vain il se couvre du manteau impérial ; la pourpre en fut teinte du sang de ses sujets. En vain il se délecte à contempler les abeilles dont il l'a parsemé ; semblables à celles de l'élève de Prothée, elles ont pris naissance dans les entrailles de ses victimes.

C'est sous ces favorables auspices que commence la campagne de 1811 en Espagne. L'armée de lord Wellington a été renforcée pendant ses triomphes ; elle a été portée à 50,000 hommes ; dont 45,000 en état de service effectif (1) ; l'armée alliée compte en outre 45,000 hommes de troupes réglées portugaises, dont 25,000 sont en campagne : ainsi l'armée disponible s'élève à 70,000 h.

Que ne doit-on pas attendre d'une force aussi puissante, commandée par le vainqueur de Vimeira, de Talavera, de Busaco !

---

(1) Dans ce nombre ne sont pas compris 10,000 hommes en garnison à Cadix et à Gibraltar, qui portent à 60,000 hommes les forces anglaises dans la péninsule.

Que ne doit-on pas espérer d'un cabinet qui, au milieu de l'anxiété publique, n'a cédé à aucune crainte pusillanime, et qui semble déterminé à consacrer de nouvelles forces et de plus grands moyens encore au succès final de cette cause qu'il a adoptée comme la sienne !

Que ne doit-on pas attendre encore de ses opérations, dirigées par la volonté et encouragées par l'approbation d'un prince qui partage les sentimens si connus de son auguste père pour le rétablissement de l'ordre social sur ses anciennes bases !

Quâ dignum te laude feram, qui penè ruenti
Lapsuroque tuos humeros objeceris orbi !

Déjà le prestige de l'invincibilité de l'oppresseur du Monde avoit été détruit à Eylan et Aspern ; il vient d'achever de s'évanouir sur les rives du Tage.

Tel est le résultat de la campagne de 1810 en Portugal ; tels sont les heureux effets de l'alliance et de l'énergie de deux grands peuples. On peut en présenter le tableau avec une douce satisfaction, avec un juste orgueil ; on ne craint pas d'en voir un seul fait démenti, une seule assertion contredite. Dans cette Angleterre si constamment insultée par le dominateur de la France, et qui a toujours répondu à ses outrages par des victoires, la vérité est garantie par la liberté de la discussion et l'indépendance de l'opinion : aussi tous les partis politiques se sont-ils réunis pour voter par acclamation les remercîmens nationaux à lord Wellington et à ses braves armées, et pour sanctionner ainsi, par leurs applaudissemens unanimes, ses opérations militaires et politiques. En vain le Moniteur et ses bulletins chercheront à peindre cette campagne sous les couleurs qui conviendront au dépit présent et aux vues futures de l'Empereur des Français, on pourra toujours y répondre d'un mot : « Vous étiez venus pour planter vos aigles sur les forts de Lisbonne, et jeter les Anglais dans la mer ; et les Anglais vous ont repoussés, vous et vos aigles, et ils vous ont chassés loin du Portugal, après sept mois de la lutte la plus opiniâtre. Vous étiez, en octobre, devant Lisbonne ; vous êtes, en avril, à Ciudad-Rodrigo. Vous avez infligé des maux affreux à ce peuple que vous n'avez pu subjuguer ; l'Angleterre s'est empressée de les réparer ; et par-là elle a donné le double exemple et de la possibilité de vous résister quand on le voudra fortement, et de la confiance que méritent la foi publique de son gouvernement et les vertùs particulières de ses habitans. » Ce sont là des faits que l'envie ne peut dénaturer, que la haine la plus invétérée ne peut contester à la Grande-Bretagne:

Rectè facta refert, orientia tempora notis
Instruit exemplis, inopem solatur et ægrum.

Hor.

FIN.

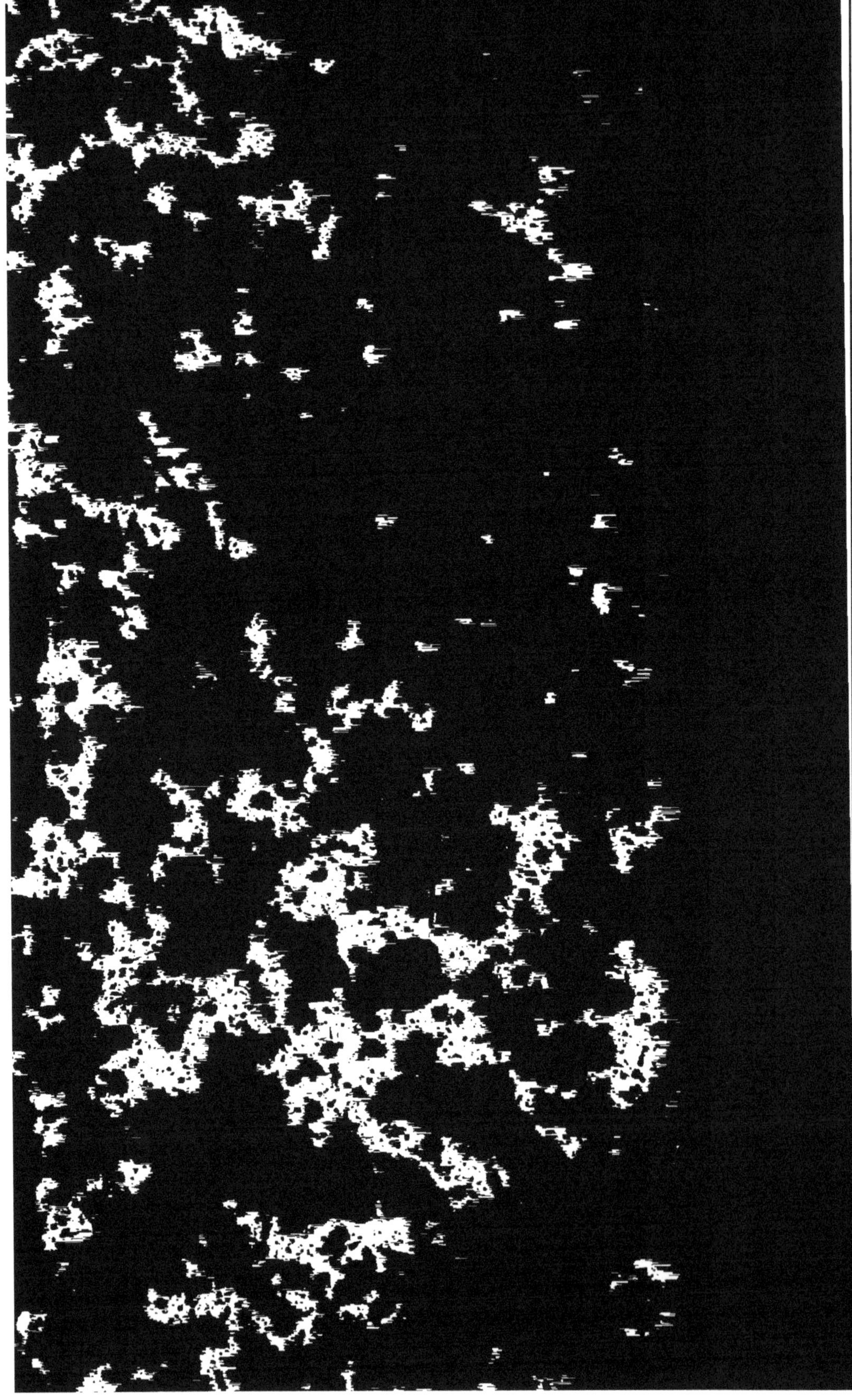

www.ingramcontent.com/pod-product-compliance
Ingram Content Group UK Ltd.
Pitfield, Milton Keynes, MK11 3LW, UK
UKHW012249240726
13966UKWH00004B/1351